GÜTERSLOHER
VERLAGSHAUS

Gütersloher Verlagshaus. Dem Leben vertrauen

Dietrich Buff (Hg.)

Worte der Erinnerung

Worte der Hoffnung

Tröstende Gedanken
für Zeiten der Trauer

Gütersloher Verlagshaus

Bibliografische Information der Deutschen Nationalbibliothek
Die Deutsche Nationalbibliothek verzeichnet diese Publikation in der Deutschen Nationalbibliografie; detaillierte bibliografische Daten sind im Internet über http://dnb.d-nb.de abrufbar.

FSC
Mix
Produktgruppe aus vorbildlich bewirtschafteten Wäldern und Recyclingholz oder - fasern
Zert.-Nr. SGS-COC-004278
www.fsc.org
© 1996 Forest Stewardship Council

Verlagsgruppe Random House
FSC-DEU-0100
Das für dieses Buch verwendete FSC-zertifizierte Papier *Munken Premium* liefert Arctic Paper Munkedals AB, Schweden.

1. Auflage

Druck und Einband: Těšínská tiskárna, a.s., Česky Těšín
Printed in Czech Republic
ISBN 978-3-579-06819-0

www.gtvh.de

Vorwort des Herausgebers

Diese Texte haben vielen Menschen viel bedeutet. Denn diese Texte haben Menschen ausgewählt und den Todesanzeigen ihrer lieben Verstorbenen vorangestellt. Oder der Verstorbene hat sich selbst den Sinnspruch bereits zu Lebzeiten für seine eigene Todesanzeige ausgesucht. Ziel dieser ausgewählten Texte ist es also, der furchtbaren Macht des Todes gedanklich etwas entgegenzusetzen, neue Horizonte aufzureißen, um dadurch Trauernden das Leid zu erleichtern und ihnen neuen Lebensmut zu geben.

Die Spannweite dieser Ideen, mit denen die scheinbare Übermacht des Todes bekämpft werden soll, ist groß. Denn diese Gedanken schöpfen ihre Kraft nicht allein aus der christlichen Hoffnung, sondern aus ganz unterschiedlichen Denkrichtungen:

Der Tod verliert an zerstörerischer Kraft, wenn man ihn als ein sinnvolles Mittel der Natur sehen kann. Denn durch ihn bekommt das Leben eine größere Bedeutung: ohne den Tod, ohne die Begrenztheit des Lebens könnten die Menschen das Leben gar nicht schätzen.

Wenn der Tod eine Einrichtung der Natur ist, um den Wert des Lebens höher zu schätzen, und wenn der Tod alle Lebewesen betrifft und kein außer der Ordnung stehender Schicksalsschlag ist, dann gilt es, sich mit ihm vertraut zu machen, ihn ins Leben einzubeziehen.

In jedem Leben erscheint der Tod nicht erst am Ende, sondern jeder Abschied, jede Trennung im Leben ist eigentlich ein Vorgeschmack des Todes, ein kleiner Tod. Und wenn alles, was im Leben hinter uns liegt, vergangen ist und vergessen wird, ist es ja bereits im Besitz des Todes, wenn es nicht durch die Erinnerung wieder zum Leben erweckt wird. Und so gesehen, ist jeder Augenblick im Leben nur ein weiterer Schritt zum Tod hin.

Nüchtern, aber zugleich tröstlich ist auch die alltägliche Erfahrung, dass die Menschen sich nicht um das kümmern, was vor ihrem Leben war. Warum sollten sie sich dann um das sorgen, was nach ihm kommt?

Vielfältig wird in allen Jahrhunderten der Gedanke variiert, dass das irdische Leben und der Tod zusammengehören und eine große Einheit bilden. Der tiefere Strom des wahren Lebens wird durch den Tod nicht unterbrochen. Der Tod verwandelt also nur die Form des Lebens, er ist nur Übergang. Wenn dann noch eine Hoffnung vorhanden ist, dass diese neue Gestalt des Lebens in einer größeren Wirklichkeit umfassender, reicher, ja ewig ist, dann verliert der Tod viel von seiner drohenden Macht. Dann kann bei einer solchen Hoffnung der Abschied sogar ein Fest sein.

Tröstlich ist auch die Vorstellung, dass die Ideen und die Taten eines Verstorbenen über sein biologisches Leben hinausreichen, dass er dadurch weiterlebt und so die Macht des Todes gebrochen wird.

Aber die stärksten Kräfte gegen die zerstörerische Macht des Todes sind die Erinnerung und die Liebe. Denn die liebevollen Erinnerungen sichern das Weiterleben – das Vergessen ist der eigentliche Tod. Das zeigt sich in einer breiten Variationsfülle von Texten aus den unterschiedlichsten Jahrhunderten. Und als erstes Zeichen dieser Erinnerung ist dann die Todesanzeige zu sehen, mit der die Hinterbliebenen einen liebevollen Rückblick auf das Leben des Verstorbenen geben.

Es ist naheliegend, dass für den Abschied von einem geliebten Menschen Worte von ganz besonderer Ausdruckskraft gewählt werden. So versammeln sich hier also sehr häufig Gedanken anerkannt „großer" Dichter und Denker: von Autoren der Antike (Seneca, Marc Aurel, Augustinus) über das Mittelalter (Franz von Assisi), über die Geistesgrößen der deutschen Klassik (Goethe und Hölderlin) bis zu Vertretern des 20. Jahrhunderts

(Rilke und Bonhoeffer). Aber auch Volksweisheiten und sprichwörtliche Redensarten finden sich neben Texten ohne Verfasserangabe, wenn keine genaueren Angaben in Erfahrung gebracht werden konnten.

Bibelverse sind immer noch die größte Gruppe der Texte, die den Todesanzeigen vorangestellt werden. Auf ihre Aufnahme in diese Anthologie wurde aber bewusst verzichtet, da es bereits leicht zugängliche umfangreiche virtuelle und gedruckte Sammlungen von Bibelzitaten für Todesfälle gibt.

Da die hier versammelten Texte fast ausschließlich aus Todesanzeigen und Nachrufen in den großen deutschen überregionalen Zeitungen stammen, wurden Dichter und Denker bevorzugt, die zum deutschen Bildungskanon gehören. Fremdsprachige Autoren sind natürlich auch vertreten, doch in deutlich geringerer Anzahl.

Vor vielen Jahren überraschte mich zum ersten Mal ein literarischer Text in einer Todesanzeige. Er berührte mich – und so schrieb ich ihn mir auf. Daraufhin las ich Todesanzeigen aufmerksamer und stellte fest, wie oft ihnen bedenkenswerte Texte vorangestellt waren. So legte diese Sammlung Jahresringe an und wurde immer umfangreicher. Es entstand eine persönliche Anthologie kurzer Aphorismen, Sinnsprüche und Zitate zum Thema Tod und Trauer. An eine Veröffentlichung war ursprünglich nicht gedacht. Erst als diese Sammlung nach einem Jahrzehnt mehrere hundert Texte umfasste, dachte ich daran, diese Anthologie auch anderen zugänglich zu machen.

Natürlich kann man diese Textsammlung nicht zusammenhängend und kontinuierlich wie das Werk eines einzelnen Verfassers lesen. Denn die Vielzahl der Autoren aus ganz unterschiedlichen Epochen und Denkrichtungen bildet mit ihren kurzen Gedanken keine Einheit, sondern eine breite gedankliche Vielfalt. Auch sind diese Gedanken oft aphoristisch zugespitzt, stark verdichtet, zu klangvoller Dichtung geformt. So benötigen diese Worte aus nur wenigen Wörtern kleine Leseportionen, damit Freude an ihrem Inhalt und ihrer Form wachsen kann.

Herausgeber und Verlag wünschen Ihnen, dass Sie in der Vielfalt dieser Anthologie Texte finden, die Sie in Ihrer besonderen Situation ansprechen, Ihre eigenen Gedanken und Gefühle treffend erfassen und Ihnen Hoffnung und Lebensmut geben.

Dietrich Buff

Mich lässt der Gedanke an den Tod
in völliger Ruhe.
Ist es doch so wie mit der Sonne:
Wir sehen sie am Horizont untergehen,
aber wir wissen,
dass sie »drüben« weiterscheint.

Johann Wolfgang von Goethe
1749 - 1832

Der Tod, er wäre Traum,
wenn man ab und an
ein Auge öffnen könnte.

Jules Renard
1864 - 1910

Wer weiß denn,
ob nicht sterben leben heißt
und was wir leben nennen
nur ein Sterben ist.

Euripides
Gest. 406 vor Chr.

Wenn man schon nicht einmal
das Leben versteht,
was kann man dann schon
vom Tod wissen?

Konfuzius
551 – 479 vor Chr.

Der untere tiefe Strom
des wahren Lebens wird durch den Tod
nicht unterbrochen.

Leo N. Tolstoi
1828 – 1910

Eine glückliche Erinnerung
ist vielleicht auf Erden wahrer
als das Glück.

Alfred de Musset
1810 – 1857

Wundersam ist die Torheit der Menschen,
dass sie den Tod fürchten,
dem doch niemand entfliehen kann,
der allen Menschen gemein ist.

Martin Luther
1483 – 1546

Je mehr du gedacht,
je mehr du getan hast,
desto länger hast du gelebt.

Immanuel Kant
1724 – 1804

Sobald wir anfangen zu leben,
drückt oben das Schicksal
den Pfeil des Todes aus der Ewigkeit ab,
er fliegt so lange, als wir atmen,
und wenn er ankommt, so hören wir auf.

Jean Paul
1763 – 1825

Die Gewissheit des Todes
wird etwas gemildert
durch die Ungewissheit seines Erscheinens;
er ist eine unbestimmte Größe in der Zeit,
die etwas vom Unendlichen an sich hat
und von dem, was man Ewigkeit nennt.

Jean de La Bruyère
1645 – 1696

Man sollte, aus Liebe zum Leben,
den Tod anders wollen,
frei, bewusst, ohne Zufall.

Friedrich Nietzsche
1844 – 1900

Der Tod ist der Kunstgriff der Natur,
um viel Leben zu erhalten.

Johann Wolfgang von Goethe
1749 – 1832

Meine Stunde ist kommen.
Ich hoffte,
sie sollte sein wie mein Leben.
Sein Will geschehe.

Johann Wolfgang von Goethe
1749 – 1832

Was er vom Tod selbst dachte,
kann ich nicht sagen.
Ob er überhaupt jemals an ihn dachte,
ist fraglich;
doch wenn sein Sinn
nach einem guten Mittagessen
zufällig einmal in diese Richtung ging,
so hielt er als wackerer Seemann
den Tod zweifellos für etwas Ähnliches
wie den Ruf der Schiffswache,
schleunigst an Deck zu kommen;
wozu, das würde sich enträtseln,
sobald er dem Befehl gehorchte,
und nicht früher.

Herman Melville
1819 – 1891

Je schöner und voller die Erinnerung,
desto schwerer die Trennung.
Aber die Dankbarkeit
verwandelt die Qual der Erinnerung
in eine stille Freude.
Man trägt das vergangene Schöne
nicht wie einen Stachel,
sondern wie ein kostbares Geschenk in sich.

Dietrich Bonhoeffer
1906 – 1945

In jedem lebt ein Bild
des, das er werden soll,
solang er das nicht ist,
ist nicht sein Friede voll.

Angelus Silesius
1624 – 1677

Ergreifend, wie wenig diejenigen
um ihr Leben zittern,
deren Tod eine Welt ärmer macht.

Emil Gött
1864 – 1908

Das Leben hängt vom Willen anderer ab,
der Tod von unserem.

Michel de Montaigne
1533 – 1592

In der Kunst müssen wir uns
von dem Vorurteil emanzipieren,
dass der Tod an sich
schon etwas Trauriges zu bedeuten habe.
Er ist vielmehr etwas so eminent Natürliches,
dass er innerhalb eines Kunstwerks
ebenso zur Heiterkeit wie zur Erschütterung
Anlass geben kann.

Arthur Schnitzler
1862 – 1931

Wenn ihr mich sucht,
dann sucht in eurem Herzen.
Wenn ihr mich dort findet,
dann lebe ich in euch weiter.

Milead A. Yousef Shalin

Ein guter, edler Mensch,
der mit uns gelebt,
kann uns nicht genommen werden,
er lässt eine leuchtende Spur zurück
gleich jenen erloschenen Sternen,
deren Bild noch nach Jahren
die Erdbewohner sehen.

Thomas Carlyle
1795 – 1881

Einen lieben Menschen zu verlieren,
ist Schmerz,
ihn erlöst zu wissen,
ist Trost.

Der Sonne und dem Tode
kann man nicht unverwandt
ins Antlitz schauen.

François de Rochefoucauld
1613 – 1680

Was wäre das Leben ohne den Tod?
Wäre der Tod nicht,
es würde keiner das Leben schätzen,
man hätte vielleicht nicht einmal
einen Namen dafür.

Jakob Bosshart
1862 – 1924

Du, oh Herr, hast ihn uns geliehen,
und er war unsere Freude.
Du, oh Herr, hast ihn uns genommen,
und wir geben ihn dir zurück ohne Murren,
aber das Herz ist voller Wehmut.

Hieronymus
347 – 419

Mancherlei hast du versäumet,
statt zu handeln, hast geträumet,
statt zu danken, hast geschwiegen,
solltest wandern, bliebest liegen.

Nein, ich habe nichts versäumet!
Wisst ihr denn, was ich geträumet?

Nun will ich zum Danke fliegen,
nur mein Bündel bleibe liegen.

Heute geh' ich – komme wieder,
singen wir ganz andre Lieder.
Wo so viel sich hoffen lässt,
ist der Abschied ja ein Fest.

Johann Wolfgang von Goethe
1749 - 1832

Die Jahre kommen, die Jahre gehen,
und auch wir gehen,
aber wir kehren
nicht wieder.

Südamerikanisch

Gott ruft immer ins Leben,
ob wir geboren werden
oder ob wir sterben.

Nicht der Tod,
sondern das Sterben beunruhigt mich.

Michel de Montaigne
1533 – 1592

Der freie Mensch denkt an nichts weniger
als an den Tod.

Baruch Spinoza
1632 – 1677

Kein Wesen kann zu nichts zerfallen!
Das Ew'ge regt sich fort in allen,
am Sein erhalte dich beglückt!
Das Sein ist ewig; denn Gesetze
bewahren die lebend'gen Schätze,
aus welchen sich das All geschmückt.

Johann Wolfgang von Goethe
1749 – 1832

Nicht trauern wollen wir,
dass wir sie verloren haben,
sondern dankbar sein,
dass wir sie gehabt haben,
ja auch jetzt noch besitzen,
denn wer in Gott stirbt,
der bleibt in der Familie.

Hieronymus
347 – 419

Was ist unser Leben
als eine Reihe von Präludien
zu jenem unbekannten Lied,
dessen erste feierliche Note
der Tod anschlägt?

Alphonse de Lamartine
1790 – 1869

Du bist nicht tot,
sondern nur untergegangen
wie die Sonne.
Wir trauern nicht wie über einen,
der gestorben ist,
sondern wie über einen,
der sich vor uns verborgen hat.
Nicht unter den Toten suchen wir dich,
sondern unter den Seligen des Himmels.

Theodoret von Kyros
393 – 458

Du hast ihn uns gegeben, Herr,
und es war unsere Freude.
Jetzt hast du ihn zu dir genommen,
und wir wollen ihn dir zurückgeben,
ohne zu murren.
Aber das Herz ist voll Wehmut
bis zum Wiedersehn, Herr.

Hieronymus
347 – 419

Die Menschheit ist die Unsterblichkeit
des sterblichen Menschen.

Ludwig Börne
1786 – 1837

Von der Stunde, von dem Orte
reißt dich eingepflanzter Drang:
Tod ist Leben, Sterben Pforte,
alles ist nur Übergang.

Johann Wolfgang von Goethe
1749 – 1832

Mögest du mich am Leben lassen,
solange das Leben gut für mich ist,
und mögest du mich sterben lassen,
wenn das Sterben gut für mich ist.

Müde geworden
von den langen Wegen
des Lebens und des Sterbens,
bin ich endlich
angekommen.

Aus Japan

Mir tut allemal weh,
wenn ein Mann von Talent stirbt,
denn die Welt hat dergleichen nötiger
als der Himmel.

Georg Chr. Lichtenberg
1742 – 1799

Wer im Gedächtnis seiner Lieben lebt,
der ist nicht tot – er ist nur fern.
Tot ist, wer vergessen wird.

Lucius Annaeus Seneca
4 vor Chr. – 65 nach Chr.

Nicht den Tod sollte man fürchten,
sondern dass man nie beginnen wird
zu leben.

Marc Aurel
121 – 180

Wie wir mitten im Leben
vom Tode umfangen sind,
so müsst ihr jetzt auch ganz fest
überzeugt sein,
dass wir mitten im Tode
vom Leben umfangen sind.

Johannes Calvin
1509 – 1564

Lerne zu vergessen,
was nutzlos ist,
und erinnere dich mit Liebe
an alles Schöne.

Francesco Petrarca
1304 – 1374

Der Anfang, das Ende,
oh Herr, sind dein.
Die Spanne dazwischen,
das Leben, war mein.

Fritz Reuter
1810 – 1874

Das Bewusstsein eines erfüllten Lebens
und die Erinnerung an viele gute Stunden
sind das größte Glück auf Erden.

Marcus Tullius Cicero
106 – 43 vor Chr.

Wer andere kennt, ist klug.
Wer sich selber kennt, ist weise.
Wer andere besiegt, hat Kraft.
Wer sich selber besiegt, ist stark.
Wer sich durchsetzt, hat Willen.
Wer sich begnügen kann, ist reich.
Wer seinen Platz nicht verliert, hat Dauer.
Wer auch im Tod nicht untergeht, der lebt.

Laotse
wohl im 6. Jahrhundert vor Chr.

Ach, schrittest du durch den Garten
noch einmal im raschen Gang.
Wie gerne wollte ich warten,
warten stundenlang.

Theodor Fontane
1819 – 1898

Auch das ist Kunst, ist Gottesgabe:
aus ein paar sommerlichen Tagen
sich so viel Licht ins Herz zu tragen,
dass, wenn der Sommer längst verweht,
das Leuchten immer noch besteht.

Johann Wolfgang von Goethe
1749 – 1832

Du bist nicht mehr dort,
wo du warst.
Aber du bist überall,
wo wir sind.

Victor Hugo
1802 – 1885

Es ist Zeit, dass wir gehen,
ich, um zu sterben, und ihr,
um weiterzuleben.
Wer aber von uns beiden
zum Besseren hingehe,
das ist allen verborgen,
außer Gott allein.

Platon
427 – 347 vor Chr.

Wo gehen wir denn hin?
Nach Hause – immer nach Hause.

Novalis
1772 – 1801

Gott, von dir weggehen heißt sterben,
zu dir zurückkehren heißt auferstehn,
in dir sein heißt leben.

Aurelius Augustinus
354 – 430

Der Tod ist das Ende des Lebens,
aber nicht sein Ziel.

Leben und Tod sind eins.
Leben heißt sterben.
Sterben heißt weiterleben.

Khalil Gibran
1883 – 1931

Oft ist's der eigne Geist, der Rettung schafft,
die wir beim Himmel suchen. Unsrer Kraft
verleiht er freien Raum, und nur dem Trägen,
dem Willenlosen, stellt er sich entgegen.

William Shakespeare
1564 – 1616

So durchlauf ich des Lebens Bogen
und kehre, woher ich kam.

Friedrich Hölderlin
1770 – 1843

Wenn ich tot bin,
müsst ihr gar nicht trauern.
Meine Liebe wird mich überdauern,
wird in fremden Kleidern euch begegnen
und euch segnen.

Joachim Ringelnatz
1883 – 1934

Die Menschen schlafen,
und wenn sie sterben,
erwachen sie.

Aus einem persischen Märchen

Ich gehe zu denen, die mich liebten,
und warte auf die, die mich lieben.

Je weiter man in der Erfahrung fortrückt,
desto näher kommt man
dem Unerforschlichen.

Johann Wolfgang von Goethe
1749 – 1832

Alles wandelt sich,
nichts vergeht.

Ovid
43 vor Chr. – 17 nach Chr.

Für sich selbst ist jeder unsterblich;
er mag wissen, dass er sterben muss,
aber er kann nie wissen, dass er tot ist.

Samuel Butler d. J.
1835 – 1902

Denn jeder einzelne Mensch
ist schon eine Welt,
die mit ihm geboren wird und mit ihm stirbt,
unter jedem Grabstein
liegt eine Weltgeschichte.

Heinrich Heine
1797 – 1856

Es gibt in der Welt einen einzigen Weg,
auf welchem niemand gehen kann außer dir.
Wohin er führt? Frage nicht, gehe ihn.

Friedrich Nietzsche
1844 – 1900

Ich komme langsam,
dir ein Werk zu bringen,
und zaudre noch, es dir zu überreichen.
Ich weiß zu wohl,
noch bleibt es unvollendet,
wenn es auch gleich
geendigt scheinen möchte.

Johann Wolfgang von Goethe
1749 – 1832

Ein kurzer Schlaf, dann sind wir ewig wach,
und Tod wird nicht mehr sein,
Tod stirbt hernach.

John Donne
1572 – 1631

Traurig sein ist etwas Natürliches.
Es ist wohl ein Atemholen zur Freude.

Paula Modersohn-Becker
1876 – 1907

Nicht alle Schmerzen sind heilbar,
denn manche schleichen sich
tiefer und tiefer ins Herz hinein,
und während Tage und Jahre verstreichen,
werden sie Stein.

Ricarda Huch
1864 – 1947

Weil ich frei im höchsten Sinne,
weil ich anfangslos mich fühle,
darum glaub' ich,
dass ich endlos,
dass ich unzerstörbar bin.

Friedrich Hölderlin
1770 – 1843

Ich bin bei dir,
du seist auch noch so ferne.
Du bist mir nah!
Die Sonne sinkt,
bald leuchten mir die Sterne.
O wärst du da!

Johann Wolfgang von Goethe
1749 – 1832

Wir alle fallen. Diese Hand da fällt.
Und sieh dir andre an – es ist in allen.
Und doch ist Einer, welcher dieses Fallen
unendlich sanft in seinen Händen hält.

Rainer Maria Rilke
1875 – 1926

Immer enger, leise, leise
ziehen sich die Lebenskreise,
schwindet hin, was prahlt und prunkt,
schwindet Hoffen, Hassen, Lieben,
und ist nichts in Sicht geblieben
als der letzte dunkle Punkt.

Theodor Fontane
1819 – 1898

Die Liebe hemmet nichts,
sie kennt nicht Tür noch Riegel
und dringt durch alles sich;
sie ist ohn' Anbeginn,
schlug ewig ihre Flügel
und schlägt sie ewiglich.

Matthias Claudius
1740 – 1815

Wo wird einst des Wandermüden
letzte Ruhstätte sein?
Unter Palmen in dem Süden,
unter Linden an dem Rhein? …
Immerhin! Mich wird umgeben
Gotteshimmel, dort wie hier,
und als Totenlampen schweben
nachts die Sterne über mir.

Heinrich Heine
1797 – 1856

Ich bin nicht tot,
ich tausche nur die Räume.
Ich leb' in euch
und geh' durch eure Träume.

Michelangelo Buonarotti
1475 – 1564

Die Nacht scheint tief hereinzubrechen,
allein im Innern leuchtet helles Licht.

Johann Wolfgang von Goethe
1749 – 1832

Der Tod ist kein Abschnitt des Daseins,
sondern nur ein Zwischenereignis,
ein Übergang aus einer Form
des endlichen Wesens in eine andere.

Wilhelm von Humboldt
1767 – 1835

Denn das Leben ist die Liebe
und des Lebens Leben Geist.

Johann Wolfgang von Goethe
1749 – 1832

Ich lebe mein Leben
in wachsenden Ringen,
die sich über die Dinge ziehn.
Ich werde den letzten vielleicht
nicht vollbringen,
aber versuchen will ich ihn.

Rainer Maria Rilke
1875 – 1926

Man kann den Tod
eines geliebten Menschen
tief und innig beklagen
und doch in Hoffnung weiterleben.

Theodor Fontane
1819 – 1898

Und meine Seele spannte
weit ihre Flügel aus,
flog durch die stillen Lande,
als flöge sie nach Haus.

Joseph von Eichendorff
1788 – 1857

Ihr glücklichen Augen,
was je ihr gesehn,
es sei, wie es wolle,
es war doch so schön.

Johann Wolfgang von Goethe
1749 – 1832

Nichts Ewiges kann das Glück uns geben,
denn flüchtiger Traum ist Menschenleben,
und selbst die Träume sind ein Traum.

Pedro Calderón de la Barca
1600 – 1681

Verachte nicht den Tod,
sondern befreunde dich mit ihm,
da auch er eines von den Dingen ist,
die die Natur will.

Marc Aurel
121 – 180

Die Menschen fürchten den Tod so,
wie die Kinder das Dunkel fürchten.

Francis Bacon
1561 – 1626

Alles geben die Götter, die unendlichen,
ihren Lieblingen ganz:
alle Leiden, die unendlichen,
alle Freuden, die unendlichen – ganz.

Johann Wolfgang von Goethe
1749 – 1832

Ein Traum, ein Traum ist unser Leben
    auf Erden hier.
Wie Schatten auf den Wogen schweben
    und schwinden wir.
Und messen unsre trägen Tritte
    nach Raum und Zeit.
Und sind – und wissen nicht – in Mitte
    der Ewigkeit.

Johann Gottfried Herder
1744 – 1803

Wende dein Gesicht zur Sonne,
und die Schatten fallen hinter dich.

Äthiopisches Sprichwort

Messe dein Leben in Taten,
nicht in Tagen.

Lucius Annaeus Seneca
4 vor Chr. – 65 nach Chr.

Mein Leben liegt noch vor mir.
Deine Absicht mit mir ist noch nicht erfüllt.

Gerard Manley Hopkins
1844 – 1889

Lass sie genießen
des ewigen Lichtes Glückseligkeit.

Nimmer vergeht, was du liebend getan.

Mit dem Tod eines lieben Menschen
verliert man vieles,
niemals aber die gemeinsam
verbrachte schöne Zeit.

Begrabe deine Toten
tief in dein Herz hinein,
so werden sie in deinem Leben
lebendige Tote sein.

Klosterkirche Seeon
Chiemgau

Oh Herr, gib jedem seinen eignen Tod.
Das Sterben, das aus jenem Leben geht,
darin er Liebe hatte, Sinn und Not.

Rainer Maria Rilke
1875 – 1926

Denn was ein guter Mensch erreichen kann,
ist nicht im engsten Raum des Lebens
zu erreichen.
Drum lebt er auch nach seinem Tode fort
und ist so wirksam, als er lebte,
die gute Tat, das schöne Wort,
es strebt unsterblich, wie er sterblich strebte.
So lebst auch du durch ungemessne Zeit.
Genieße der Unsterblichkeit.

Johann Wolfgang von Goethe
1749 – 1832

Was man tief in seinem Herzen besitzt,
kann man nicht durch den Tod verlieren.

Johann Wolfgang von Goethe
1749 – 1832

Wenn ihr an mich denkt,
denkt an die Stunde,
in der ihr mich am liebsten hattet.

Rainer Maria Rilke
1875 – 1926

Lass, o Welt, o lass mich sein!
Locket nicht mit Liebesgaben.
Lasst dies Herz alleine haben
seine Wonne, seine Pein!

Eduard Mörike
1804 – 1875

Hoch auf strebte mein Geist,
aber die Liebe zog
schön ihn nieder;
das Leid beugt ihn gewaltiger;
so durchlauf ich des Lebens Bogen
und kehre, woher ich kam.

Friedrich Hölderlin
1770 – 1843

Angedenken an das Gute
hält uns immer frisch im Mute.
Angedenken an das Schöne
ist das Heil der Erdensöhne.
Angedenken an das Liebe,
glücklich, wenn's lebendig bliebe!
Angedenken an das Eine
bleibt das Beste, was ich meine.

Johann Wolfgang von Goethe
1749 – 1832

Gottes sind Wogen und Wind,
Segel aber und Steuer,
dass ihr den Hafen gewinnt,
sind euer.

Gorch Fock
1880 – 1916

Wer stirbt,
erwacht
zum ewigen Leben.

Franz von Assisi
1181 – 1226

Weint und lacht, denkt an mich:
Warum soll ich nicht mehr
in euren Gedanken sein,
nur weil ich nicht mehr
in eurem Blickfeld bin?
Ich bin nicht weit weg.
Ich bin nur auf der anderen Seite des Weges.

Charles Péguy
1873 – 1914

Es gibt für uns alle die Zeit des Lebens,
des Lachens und der Freude.
Zum Leben gehört aber auch
die Zeit des Schmerzes,
der Tränen und der Trauer.
Die Liebe besiegt alles.

Vergil
70 – 19 vor Chr.

Im Licht mich zu verlieren
gebietet mir das Geistesschauen,
und kraftvoll kündet Ahnung mir:
Verliere dich, um dich zu finden.

Rudolf Steiner
1861 – 1925

Du kamst, du gingst mit leiser Spur,
ein flüchtiger Gast im Erdenland.
Woher? Wohin? Wir wissen nur,
aus Gottes Hand, in Gottes Hand.

Ludwig Uhland
1787 – 1862

Die Linien des Lebens sind verschieden,
wie Wege sind, und wie der Berge Grenzen.
Was hier wir sind,
kann dort ein Gott ergänzen
mit Harmonien und ewigem Lohn
und Frieden.

Friedrich Hölderlin
1770 – 1843

Ich bin von euch gegangen
nur für einen Augenblick und gar nicht weit,
wenn ihr dahin kommt,
wohin ich gegangen bin,
werdet ihr euch fragen,
warum ihr so geweint habt.

Laotse
wohl im 6. Jahrhundert vor Chr.

Sein Jahrhundert kann man nicht ändern;
aber man kann sich dagegenstellen
und glückliche Wirkungen vorbereiten.

Johann Wolfgang von Goethe
1749 – 1832

Wir sind sterblich,
wo wir lieblos sind,
unsterblich,
wo wir lieben.

Die Zeit, Gott zu suchen, ist das Leben.
Die Zeit, Gott zu finden, ist der Tod.
Die Zeit, ihn zu besitzen, ist die Ewigkeit.

Franz von Sales
1567 – 1633

Wir nähern uns nach dem Tod
auf eine höhere Weise jenem Zustand wieder,
in welchem wir
im Schoß der Mutter gewesen.

Gotthilf Heinrich Schubert
1780 – 1860

Eines Morgens wachst du nicht mehr auf,
die Vögel aber singen, wie sie gestern sangen.
Nichts aber ändert diesen meinen Tageslauf –
nur du bist fortgegangen –
du bist nun frei,
und unsere Tränen wünschen dir Glück.

Johann Wolfgang von Goethe
1749 – 1832

Nach Wahrheit forschen,
Schönheit lieben,
Gutes wollen,
das Beste tun.

Moses Mendelssohn
1729 – 1786

Man stirbt nur einmal,
und doch spüren wir
die Gegenwart des Todes
in jedem Augenblick unseres Lebens;
ihn fürchten ist schlimmer,
als ihn erleiden.

Jean de La Bruyère
1645 – 1696

Der ist der glücklichste Mensch,
der das Ende seines Lebens
mit dem Anfang in Verbindung sehen kann.

Johann Wolfgang von Goethe
1749 – 1832

Du bist nicht mehr da, wo du warst,
aber du bist immer da, wo wir sind.

Zu neuen Ufern lockt ein neuer Tag.
Ein Feuerwagen schwebt
auf leichten Schwingen
an mich heran! Ich fühle mich bereit,
auf neuer Bahn den Äther zu durchdringen.

Johann Wolfgang von Goethe
1749 – 1832

Jenseits von Zeit.
Jenseits von Raum.
In unserer Liebe.

Eines jeden Element

Im Wasser lebt der Fisch,
die Pflanzen in der Erden,
der Vogel in der Luft,
die Sonn im Firmament;
der Salamander muss im Feu'r
erhalten werden:
Im Herzen Jesu ich, als meinem Element.

Angelus Silesius
1624 – 1677

Nicht besser soll es mir ergehen,
als wie geschehen
den Vätern, die erworben
durch ihren Tod des Lebens Ruch.
Es ist also genug!
Es sei also gestorben.

Anton Ulrich, Herzog von Braunschweig
1633 – 1714

Der Tod ist groß.
Wir sind die Seinen
lachenden Munds.
Wenn wir uns mitten im Leben meinen,
wagt er zu weinen,
mitten in uns.

Rainer Maria Rilke
1875 – 1926

Alles, was uns geschieht und uns zustößt,
hat einen Sinn,
doch es ist schwierig, ihn zu erkennen.
Auch im Buch des Lebens
hat jedes Blatt zwei Seiten.
Die eine, obere, schreiben wir Menschen
mit unserem Planen, Wünschen und Hoffen,
aber die andere füllt die Vorsehung,
und was sie anordnet,
ist selten unser Ziel gewesen.

Iljas Ben Jussuf Nisami
ca. 1141 – 1209

Mag uns jetzt die Stunde schlagen,
jetzt der letzte Odem wehn.
Brüder, drüben wird es tagen.
Schwestern, dort ist Wiedersehn.

Friedrich Hölderlin
1770 – 1843

Wer weiß, die da gestorben,
sie hören droben mich
und öffnen leis' die Pforten
und nehmen uns zu sich.

Joseph von Eichendorff
1788 – 1857

Mit jedem Menschen
entsteht
und vergeht
eine Welt.

Wie ist das klein, womit wir ringen,
was mit uns ringt, wie ist das groß.

Rainer Maria Rilke
1875 – 1926

Einen (Weg-)Weiser seh' ich stehen
unverrückt vor meinem Blick.
Eine Straße muss ich gehen,
die noch keiner ging zurück.

Wilhelm Müller
1794 – 1824

Wir haben, wo wir lieben, ja nur dies:
einander lassen; denn dass wir uns halten,
das fällt uns leicht
und ist nicht erst zu lernen.

Rainer Maria Rilke
1875 – 1926

Zimmere dir dein Haus im Herrn
und lass die Flügel seiner Liebe
das Dach dir decken, und du hast
die Heimat, wenn auch nichts dir bliebe.

Friedrich Wilhelm Grimme
1827 – 1887

Jede Trennung
gibt einen Vorgeschmack des Todes
und jedes Wiedersehen
einen Vorgeschmack der Auferstehung.

Arthur Schopenhauer
1788 – 1860

Wir sind die Treibenden.
Aber den Schritt der Zeit,
nehmt ihn als Kleinigkeit
im immer Bleibenden.

Rainer Maria Rilke
1875 – 1926

Die Liebe ist stärker als der Tod
und die Schrecken des Todes.
Allein die Liebe erhält
und bewegt unser Leben.

Iwan S. Turgenjew
1818 – 1883

Da ich nun einmal Himmel und Erde
für einen großen Schmelzofen
und den Schöpfer der Wandlungen
für einen Meisterschmied halte,
soll mir alles recht sein,
wo ich auch hinkommen mag.

Chuang-Tzu
365 – 290 vor Chr.

Nach ewigen, ehernen, großen Gesetzen
müssen wir alle unseres Daseins Kreise
vollenden.

Johann Wolfgang von Goethe
1749 – 1832

Mein Herz, o glaube:
Du wardst nicht umsonst geboren!
Hast nicht umsonst gelebt …
Auferstehʼn, ja auferstehʼn wirst du …
zu Gott wird es dich tragen.

Des Knaben Wunderhorn

Maßvoll unbeirrt hielt er stets,
was er versprach.
Seine Hand, sie hielt das Wort
und uns.

Wir müssen das,
was wir denken, auch sagen,
wir müssen das, was wir sagen, auch tun,
wir müssen das, was wir tun, dann auch sein.

Mit jedem Toten, den wir lieben,
stirbt ein Teil von uns.
Von jedem Toten, dem wir verbunden sind,
bleibt ein Teil durch uns.

Gott wird diejenigen nicht vergessen,
die sich selbst vergaßen,
um an andere zu denken.

Aurelius Augustinus
354 – 430

Ich bin ein Gast auf Erden
und hab hier keinen Stand.
Der Himmel soll mir werden,
da ist mein Vaterland.
So will ich zwar nun treiben
mein Leben durch die Welt,
doch denk ich nicht zu bleiben
in diesem fremden Zelt.
Ich wandre meine Straße,
die zu der Heimat führt,
da mich ohn' alle Maße
mein Vater trösten wird.

Paul Gerhardt
1607 – 1676

Ein Mensch wird nicht sterben,
solange ein anderer sein Bild
im Herzen trägt.

Erinnerung ist das Paradies,
aus dem einen niemand vertreiben kann.

Jean Paul
1763 – 1825

Du hast unseren Garten verlassen,
aber deine Blumen blühen weiter.

Ich glaube, dass, wenn der Tod
unsere Augen schließt,
wir in einem Licht stehen,
von welchem das Sonnenlicht
nur der Schatten ist.

Arthur Schopenhauer
1788 – 1860

Ich kann nicht glauben, dass der kleine Tod,
dem wir doch täglich übern Scheitel schauen,
uns eine Sorge bleibt und eine Not.

Ich kann nicht glauben, dass er ernsthaft
droht;
ich lebe noch, ich habe Zeit zu bauen:
mein Blut ist länger als die Rose rot.
Mein Sinn ist tiefer als das witzige Spiel
mit unserer Furcht, darin er sich gefällt.
Ich bin die Welt,
aus der er irrend fiel.

Rainer Maria Rilke
1875 – 1926

Des Menschen Seele gleicht dem Wasser.
Vom Himmel kommt es.
Zum Himmel steigt es.
Und wieder zur Erde muss es.
Ewig wechselnd.

Johann Wolfgang von Goethe
1749 – 1832

Über alle Gräber wächst zuletzt das Gras,
alle Wunden heilt die Zeit,
  ein Trost ist das,
wohl der schlechteste,
  den man kann erteilen,
armes Herz, du willst nicht,
  dass die Wunden heilen.
Etwas hast du noch,
  solang es schmerzlich brennt.
Das Verschmerzte nur ist tot und abgetrennt.

Friedrich Rückert
1788 – 1866

Leben lernen heißt loslassen lernen.

Alles verändert sich mit dem,
der neben einem ist
oder neben einem fehlt.

Denen treu bleiben, die gestorben sind,
heißt, so zu leben, wie sie gelebt hätten.
Und sie in uns leben lassen.
Und ihr Gesicht, ihre Stimme,
ihre Botschaft anderen bringen.
Einem Sohn, einem Bruder
oder Unbekannten,
anderen, wer immer sie sind.
Dann wird das Leben,
wenn auch vom Tode verstümmelt,
immer weitergehen, von neuem erblühen.

Die Seele führt das Leben immer mit sich,
also kann sie nicht sterben.

Johann Wolfgang von Goethe
1749 – 1832

Was auf das Leben folgt,
deckt tiefe Finsternis;
was uns zu tun gebührt,
des nur sind wir gewiss.

Immanuel Kant
1724 – 1804

Ihr, die ihr mich so geliebt habt,
seht nicht auf das Leben, das ich beende,
sondern auf das, welches ich beginne.

Aurelius Augustinus
354 – 430

Hier schlief ich ein
nach meines Schicksals Wort,
doch starb ich nicht,
ich wohn' nur nicht mehr hier;
du weinst um mich, drum bleibe ich in dir –
im Liebsten lebt, wer liebt, verwandelt fort.

Michelangelo Buonarotti
1475 – 1564

Oh Mensch! gib Acht!
Was spricht die tiefe Mitternacht?
Ich schlief, ich schlief –,
Aus tiefem Traum bin ich erwacht: –
Die Welt ist tief.
Und tiefer als der Tag gedacht.
Tief ist ihr Weh –,
Lust – tiefer noch als Herzeleid:
Weh spricht: Vergeh'!
Doch alle Lust will Ewigkeit –,
Will tiefe, tiefe Ewigkeit.

Friedrich Nietzsche
1844 - 1900

Wie an dem Tag,
  der dich der Welt verliehen,
die Sonne stand zum Gruße der Planeten,
bist alsobald und fort und fort gediehen
nach dem Gesetz, wonach du angetreten.
So musst du sein,
  dir kannst du nicht entfliehen,
so sagten schon Sibyllen und Propheten,
und keine Zeit und keine Macht zerstückelt
geprägte Form, die lebend sich entwickelt.

Johann Wolfgang von Goethe
1749 – 1832

Es ist ein tiefes Loch, eine Wunde,
die immer wieder aufreißen wird.
Schmerz, der niemals heilen wird.
Leere, die niemals zu füllen sein wird.
Trauer, die niemand stillen kann.
Fragen, die niemals beantwortet werden,
doch eine wunderbare Erinnerung,
die uns keiner mehr nehmen kann.

Niemals geht man so ganz,
irgendetwas von dir bleibt hier,
es hat seinen Platz immer bei uns.

Es gibt einen Gedanken,
der unsere ganze Lebensführung
und Betrachtung ändern würde:
die Gewissheit unserer Unzerstörbarkeit
durch den Tod.

Christian Morgenstern
1871 - 1914

Über allen Gipfeln
ist Ruh,
in allen Wipfeln
spürest du
kaum einen Hauch;
die Vöglein schweigen im Walde.
Warte nur, balde
ruhest du auch.

Johann Wolfgang von Goethe
1749 - 1832

Im Grunde sind es doch
die Verbindungen mit den Menschen,
welche dem Leben seinen Wert geben.

Wilhelm von Humboldt
1767 – 1835

Herr, weil du's willst,
drum ist es gut,
und weil du's willst,
drum hab ich Mut.
Mein Herz in deinen Händen ruht.

Pater Rupert Mayer
1876 – 1945

Die Welt mit ihrem Gram und Glücke
will ich, ein Pilger, froh bereit
betreten nur als eine Brücke
zu dir, Herr, übern Strom der Zeit.

Joseph von Eichendorff
1788 – 1857

Indes wir hienieden um ihn trauern,
ist drüben Freude,
dass der Mensch
zu ihrer Welt geboren wurde,
so wie wir Erdenbürger die Unsrigen
mit Freude empfangen.
Wenn ich einst ihnen folgen werde,
wird für mich nur Freude sein,
denn die Trauer bleibt in der Sphäre zurück,
die ich verlasse.

Johann Gottlieb Fichte
1762 – 1814

Mein sind die Jahre nicht,
die mir die Zeit genommen;
mein sind die Jahre nicht,
die etwa möchten kommen.

Der Augenblick ist mein,
und nehm' ich den in Acht,
so ist der mein,
der Jahr und Ewigkeit gemacht.

Andreas Gryphius
1616 – 1664

Es war die letzte Nacht und nah das Ende;
wir küssten dir die zarten weißen Hände;
du sprachst, lebt wohl,
in deiner stillen Weise,
und: oh, die schönen Blumen! riefst du leise.
Dann war's vorbei. Die großen Augensterne,
weit, unbeweglich, starrten in die Ferne,
indes um deine Lippen, halbgeschlossen,
ein kindlichernstes Lächeln ausgegossen.
So lagst du da, als hättest du entzückt
und staunend eine neue Welt erblickt.

Wilhelm Busch
1832 – 1908

Die Hoffnung ist eine Spur,
die uns vorausgeht.

Erinnerung ist eine Form der Begegnung

Khalil Gibran
1883 – 1931

Die Liebe ist das Maß der Trauer.

Das schönste Glück
des denkenden Menschen ist,
das Erforschliche erforscht zu haben
und das Unerforschliche ruhig zu verehren.

Johann Wolfgang von Goethe
1749 – 1832

Der Tod ist das Tor zum Licht
am Ende eines mühsam gewordenen Lebens.

Franz von Assisi
1181 – 1226

Im Tode nimmt Gott unser aller Innerstes,
unser auf Ewigkeit angelegtes
wahres Selbst auf,
zu ewigem Sein.

Sören Kierkegaard
1813 – 1855

Geliebte, wenn mein Geist geschieden,
so weint mir keine Träne nach;
denn, wo ich weile, dort ist Frieden,
dort leuchtet mir ein ew'ger Tag!

Annette von Droste-Hülshoff
1797 – 1848

Der Wolken, Luft und Winden
gibt Wege, Lauf und Bahn,
der wird auch Wege finden,
da dein Fuß gehen kann.

Paul Gerhardt
1607 – 1676

Das Leben ist wie ein Hauch,
das eine Weile sichtbar ist
und dann wieder verschwindet.

Grabinschrift

Und wie auf dunkler Wolke
der schweigende,
der schöne Bogen blühet, ein Zeichen ist
er künf'tger Zeit, ein Angedenken
seliger Tage, die einst gewesen.

Friedrich Hölderlin
1770 – 1843

Nicht der Mensch hat am meisten gelebt,
welcher die höchsten Jahre zählt,
sondern derjenige,
welcher sein Leben
am meisten empfunden hat.

Jean Jacques Rousseau
1712 – 1778

Irgendwann wird ein Mensch
die Welt verändern
einfach, indem er denkt.

Bedenke stets, dass alles vergänglich ist,
dann wirst du im Glück nicht so friedlich
und im Leid nicht so traurig sein.

Sokrates
470 – 399 vor Chr.

Die Zeit hat Anfang und Ende.
Auch das Leben hat seine Zeit:
Zeiten der Liebe, der Freude,
des Schmerzes, der Angst.
Uns bleibt noch die Zeit
der Erinnerung.

Gib Acht auf die Gassen.
Blick auf zu den Sternen.

Wilhelm Raabe
1831 – 1910

Erinnerung ist der Schatz unseres Herzens.

Nur wenn ihr vom Fluss der Stille trinkt,
werdet ihr wirklich singen.
Und wenn ihr den Gipfel
des Berges erreicht habt,
dann werdet ihr anfangen zu steigen.
Und wenn die Erde eure Glieder fordert,
dann werdet ihr wahrhaft tanzen.

Khalil Gibran
1883 – 1931

Ich glaube,
dass auch unsere Fehler und Irrtümer
nicht vergeblich sind
und dass es Gott nicht schwerer ist,
mit ihnen fertig zu werden
als mit unseren vermeintlichen Guttaten.

Dietrich Bonhoeffer
1906 – 1945

Alles, was schön ist,
bleibt auch schön, auch wenn es welkt.
Und unsere Liebe bleibt Liebe,
auch wenn wir sterben.

Maxim Gorki
1868 – 1936

Wie gutes Tagwerk
frommen Schlummer bringt,
so rechtes Leben einen fröhlichen Tod.

Leonardo da Vinci
1452 – 1519

Und solang du das nicht hast,
dieses: stirb und werde!,
bist du nur ein trüber Gast
auf der dunklen Erde.

Johann Wolfgang von Goethe
1749 - 1832

Anfangs wollt ich fast verzagen,
und ich glaubt, ich trüg es nie,
und ich hab es doch getragen –
aber fragt mich nur nicht, wie?

Heinrich Heine
1797 – 1856

Zur Vollendung des Menschen
gehört auch der Tod;
denn auch er gehört zur Bestimmung,
das heißt zur Natur des Menschen.

Ludwig Feuerbach
1804 – 1872

Wie hab ich das gefühlt,
was Abschied heißt.
Wie weiß ich's noch;
ein dunkles unverwundnes
grausames Etwas, das ein Schönverbundnes
noch einmal zeigt und hinhält und zerreißt.

Rainer Maria Rilke
1875 – 1926

Gott nötig zu haben
ist des Menschen höchste
Vollkommenheit.

Aurelius Augustinus
354 – 430

Von guten Mächten wunderbar geborgen
erwarten wir getrost, was kommen mag.
Gott ist mit uns am Abend und am Morgen,
und ganz gewiss an jedem neuen Tag.

Dietrich Bonhoeffer
1906 – 1945

Man lebt zweimal:
das erste Mal in der Wirklichkeit,
das zweite Mal in der Erinnerung.

Honoré de Balzac
1799 – 1850

Der Tod bedeutet die Tilgung
jeglichen Schmerzes
und er ist die Grenze,
über die unsere Leiden nicht hinausgelangen;
er gibt uns wieder jenen Zustand
der Ruhe zurück,
dem wir vor unserer Geburt angehörten.

Lucius Annaeus Seneca
4 vor Chr. – 65 nach Chr.

Das Leben endet nicht,
es endet nur die Sendung,
und Sterben ist ein Schritt
zum Ziele der Vollendung.

Grabinschrift

Mors porta vitae –
Der Tod ist die Pforte zum Leben.

Die Zeit heilt nicht alles,
aber sie rückt das Unheilbare
aus dem Mittelpunkt.
Selig sind, die da Heimweh haben,
denn sie werden nach Hause kommen.

Heinrich Jung-Stilling
1740 – 1817

Nicht trauern wollen bedeutet
nicht fühlen können.

Alles Leid, aller Tod sind stellvertretend
und dienen eben damit dem Leben;
ohne Schmerz und Tod
keine Höherentwicklung.

Max Scheler
1874 – 1928

Steht nicht an meinem Grab und weint,
ich bin nicht da,
nein, ich schlafe nicht.

Ich bin eine der tausend wogenden Wellen
des Sees,
ich bin das diamantene Glitzern des Schnees,
wenn ihr erwacht in der Stille am Morgen,
dann bin ich für euch verborgen,
ich bin ein Vogel im Flug,
leise wie ein Luftzug,
ich bin das sanfte Licht der Sterne
in der Nacht.

Steht nicht an meinem Grab und weint,
ich bin nicht da,
nein, ich schlafe nicht.

Gedicht der Lakota-Indianer

So ergeben,
wie ich es nur vermag,
will ich ihm danken,
der aus des Sterbens Welt
mich ließ entschweben.

Dante Alighieri
1265 – 1321

Und immer sind irgendwo
Spuren deines Lebens,
Gedanken, Bilder, Augenblicke und Gefühle,
sie werden uns immer an dich erinnern
und dich dadurch nicht vergessen lassen.

Alles vergehet.
Gott aber stehet
ohn' alles Wanken.

Paul Gerhardt
1607 – 1676

Der Tod ordnet die Welt neu,
scheinbar hat sich nichts verändert,
und doch ist die Welt für uns
ganz anders geworden.

Trennung ist unser Los,
Wiedersehen ist unsere Hoffnung.
So bitter der Tod ist,
die Liebe vermag er nicht zu scheiden.
Aus dem Leben ist er zwar geschieden,
aber nicht aus unserem Leben;
denn wie vermöchten wir ihn tot zu wähnen,
der so lebendig
in unserem Herzen wohnt!

Aurelius Augustinus
354 – 430

Die Hoffnung ist der Regenbogen
über den herabstürzenden Bach
des Lebens.

Friedrich Nietzsche
1844 – 1900

Begrenzt ist das Leben,
doch unendlich ist die Erinnerung.

Wer den Sinn des Lebens
in der Vervollkommnung sieht,
kann nicht an den Tod glauben,
daran, dass die Vervollkommnung abreißt.
Was sich vervollkommnet,
ändert nur seine Form.

Leo N. Tolstoi
1828 – 1910

Wohl dem Menschen, wenn er gelernt hat,
zu ertragen, was er nicht ändern kann,
und preiszugeben in Würde,
was er nicht retten kann.

Friedrich Schiller
1759 – 1805

Partir, c'est mourir un peu.
Abschied nehmen bedeutet immer
ein wenig sterben.

Französisches Sprichwort

Das Leben kann
als ein Traum angesehen werden
und der Tod als Erwachen.

Arthur Schopenhauer
1788 – 1860

Schaue das Licht an
und betrachte seine Schönheit,
schließe einen Augenblick die Lider
und schaue es wieder an:
Was du von ihm siehst, war nicht vorher,
und was vorher davon war, ist nicht mehr.

Leonardo da Vinci
1452 – 1519

Wenn wir aus dieser Welt
durch Sterben uns begeben,
so lassen wir den Ort,
wir lassen nicht das Leben.

Nikolaus Lenau
1802 – 1850

Wir sind vom gleichen Stoff,
aus dem die Träume sind,
und unser kurzes Leben ist eingebettet
in einen langen Schlaf.

William Shakespeare
1564 – 1616

Verstehen kann man das Leben
nur rückwärts,
leben muss man es vorwärts.

Sören Kierkegaard
1813 – 1855

Unsere Toten sind nicht abwesend,
sondern nur unsichtbar.
Sie schauen mit ihren Augen voller Licht
in unsere Augen voller Trauer.

Aurelius Augustinus
354 – 430

Das Leben ist kurz,
aber doch von unendlichem Wert,
denn es birgt den Keim
der Ewigkeit in sich.

Franz von Sales
1567 – 1622

Diejenigen, die gehen,
fühlen nicht den Schmerz des Abschieds.
Der Zurückbleibende leidet.

Henry Wadsworth Longfellow
1807 – 1882

Nebel, stiller Nebel über Meer und Land.
Totenstill die Watten, totenstill der Strand.
Trauer, leise Trauer deckt die Erde zu.
Seele, liebe Seele, schweig und träum
auch du.

Christian Morgenstern
1871 – 1914

Im Meer des Lebens,
Meer des Sterbens,
in beiden müde geworden,
sucht meine Seele den Berg,
an dem alle Flut verebbt.

Japan, 7. Jahrhundert

Die Trauer wird in Freude
verwandelt werden,
und der Tod erschließt uns die Pforte
des besseren Lebens.

Franz von Assisi
1181 – 1226

Da fühl ich ein tiefes Entzücken,
nun weiß ich wohl, was ich will,
es bauen sich andere Brücken,
das Herz wird auf einmal still.

Joseph von Eichendorff
1788 – 1857

Gestorben, nicht tot.

Ich gehe den Spuren nach,
die du hinterlassen hast,
und begegne dir immer wieder.

Das will ich mir schreiben
in Herz und in Sinn,
dass ich nicht nur für mich auf Erden bin,
dass ich die Liebe, von der ich lebe,
liebend an andere weitergebe.

Worte: unbekannt
Weise: Walther Pudelko

Überall sind Spuren deiner Liebe,
Bilder, Augenblicke, Gefühle, Gedanken ...
Sie erinnern uns immer an dich.
Wir sind dankbar, dass du bei uns warst.

Drum birg dich, Aug',
dem Glanze ird'scher Sonnen!
Hüll' dich in die Nacht,
sie stillet dein Verlangen
und heilt den Schmerz,
wie Lethes kühle Fluten.

Karoline von Günderode
1780 – 1806

Brich an, du schönes Morgenlicht …

aus dem Weihnachtsoratorium von Johann Sebastian Bach
Text von Johann Rist 1607 – 1667

Nichts stirbt, was in unserer Erinnerung ist.

Unser Leben ist der Fluss,
der sich ins Meer ergießt,
das »Sterben« heißt.

Federico García Lorca
1899 – 1936

Niemand kennt den Tod,
es weiß auch keiner,
ob er nicht das größte Geschenk
für den Menschen ist.

Sokrates
ca. 470 – 399 vor Chr.

… Und am Ende meiner Reise
hält der Ewige die Hände,
und er winkt und lächelt leise –
und die Reise ist zu Ende.

Matthias Claudius
1740 – 1815

Man muss sich hüten,
in den Erinnerungen zu wühlen,
sich ihnen auszuliefern,
wie man auch ein kostbares Geschenk
nicht immerfort betrachtet,
sondern nur zu besonderen Stunden,
und es sonst nur
wie einen verborgenen Schatz,
dessen man sich gewiss ist, besitzt;
dann geht eine dauernde Freude
und Kraft von dem Vergangenen aus.

Dietrich Bonhoeffer
1906 – 1945

Die, die wir lieben,
ist nicht mehr da, wo sie war,
aber überall dort,
wo wir ihrer in Liebe gedenken.

Aurelius Augustinus
354 – 430

Nichts ist gewisser als der Tod,
nichts ist ungewisser als seine Stunde.

Anselm von Canterbury
1033 – 1109

Die Bande der Liebe
werden mit dem Tod nicht durchschnitten.

Thomas Mann
1875 – 1955

Zur Rechten hell ein Liebeslied,
zur Linken grell ein Sterbelied!
Ach, bleibt denn nichts, wenn Liebe schied,
denn nichts als nur ein Sterbelied
kaum wegbreit noch hinüber.

Theodor Storm
1817 – 1888

Das sind die Starken,
die unter Tränen lachen,
eigene Sorgen verbergen
und andere glücklich machen.

Franz Grillparzer
1791 – 1872

Wenn dir jemand erzählt,
dass die Seele mit dem Körper
zusammen vergeht
und dass das, was einmal tot ist,
niemals wiederkommt,
so sage ihm: Die Blume geht zugrunde,
aber der Same bleibt zurück
und liegt vor uns,
geheimnisvoll, wie die Ewigkeit des Lebens.

Khalil Gibran
1883 – 1931

Der Reifen eines Rades
wird gehalten von den Speichen,
aber das Leere zwischen ihnen
ist das Sinnvolle beim Gebrauch.
Aus nassem Ton formt man Gefäße,
aber das Leere in ihnen ermöglicht
das Füllen der Krüge.
Aus Holz zimmert man Türen und Fenster,
aber das Leere in ihnen
macht das Haus bewohnbar.
So ist das Sichtbare zwar von Nutzen,
doch das Wesentliche bleibt unsichtbar.

Laotse
wohl im 6. Jahrhundert vor Chr.

Die Liebe ist stärker als der Tod
und die Schrecken des Todes.

Allein die Liebe erhält
und bewegt unser Leben.

Iwan S. Turgenjew
1818 – 1883

Was uns Besitz erschien,
hat keins von uns besessen,
war höchstens nur gelieh'n.

Joachim Ringelnatz
1883 – 1934

Wenn du den Geist des Todes
wirklich sehen willst,
musst du dein Herz
zum Körper des Lebens hin öffnen.
Denn Leben und Tod sind eins,
wie der Fluss und das Meer eins sind.

Khalil Gibran
1883 – 1931

Glaubt nicht,
dass wir uns ferne sind.
Es grüßt euch meine Seele
als Hauch im Wind.
Und legt der Hauch des Tages
am Abend sich zur Ruh',
send ich als Stern vom Himmel
euch meine Grüße zu.

Was wir bergen
in den Särgen,
ist der Erde Kleid.
Was wir lieben,
ist geblieben,
bleibt in Ewigkeit.

Ernst Schulze
1789 – 1817

Es gibt ein Leid,
das manchen Trost nicht duldet,
und einen Schmerz,
den sanft die Zeit nur heilt.

Gott schickt am End uns Leiden,
auf dass uns diese Welt,
wenn wir nun von ihr scheiden,
nicht mehr so mächtig hält.

Justinus Kerner
1786 – 1862

Was Gott tut, das ist wohlgetan,
es bleibt gerecht sein Wille.
Wie er fängt meine Sache an,
so will ich halten stille.

Samuel Rodigast
1649 – 1708

Schmerz und Freude
liegen in einer Schale,
ihre Mischung ist
des Menschen Los.

Johann Gottfried Seume
1763 – 1810

Herzensgüte übersteht
auch den Tod.

Weisheit aus dem Talmud

Ein Tag, der sagt dem andern,
mein Leben sei ein Wandern
zur großen Ewigkeit.
O Ewigkeit, so schöne,
mein Herz an dich gewöhne,
mein Heim ist nicht in dieser Zeit.

Gerhard Tersteegen
1697 – 1769

So nimm denn meine Hände
und führe mich
bis an mein selig Ende
und ewiglich.

Julie Hausmann
1826 – 1901

In wie viel Not
hat nicht der gnädige Gott
über dir Flügel gebreitet.

Joachim Neander
1650 – 1680

Unsterblich werden sie leben,
solang es Menschenmund
und Menschenwitz wird geben
auf diesem Erdenrund.

Christian Morgenstern
1871 - 1914

Wir gingen zusammen im Sonnenschein,
wir gingen im Sturm und im Regen,
doch niemals ging einer von uns allein
auf unseren Lebenswegen.

Niemand stirbt
außer an seinem eigenen Tage.
Nichts verlierst du von deiner Zeit:
Denn was du hinter dir lässt,
ist fremdes Eigentum.

Lucius Annaeus Seneca
4 vor Chr. – 65 nach Chr.

Der Tod ist der Horizont des Lebens,
aber der Horizont ist nur das Ende der Sicht.

Aller Ernst entstammt dem Tode,
ist Ehrfurcht vor ihm.

Johann Wolfgang von Goethe
1749 – 1832

Wenn du nicht weißt,
wie du mit dem Tod fertig werden sollst,
so braucht dir das keinen Kummer
zu machen;
die Natur wird es dich
zur rechten Zeit lehren,
vollständig und ausreichend.

Michel de Montaigne
1533 – 1592

Aller Sinn des Lebens
ist erfüllt, wo Liebe ist.

Es ist besser,
einen geliebten Menschen zu verlieren,
als nie geliebt zu haben.

Ich höre auf zu leben,
aber ich habe gelebt.

Johann Wolfgang von Goethe
1749 – 1832

Dreifach ist der Schritt der Zeit:
Zögernd kommt die Zukunft hergezogen,
pfeilschnell ist das Jetzt verflogen,
ewig still ist die Vergangenheit.

Friedrich Schiller
1759 – 1805

Wir bleiben nicht ewig unter den Sternen,
und unser Erdenleben
ist nur eine ganz kleine Strecke
auf der Bahn unserer Existenz.

Matthias Claudius
1740 – 1815

Aus Gottes Hand empfing ich mein Leben,
unter Gottes Hand gestaltete ich mein Leben.
In Gottes Hand gebe ich mein Leben zurück.

Aurelius Augustinus
354 – 430

Hörst du, wie die Brunnen rauschen?
Hörst du, wie die Grille zirpt?
Stille, stille, lass' uns lauschen,
selig, wer in Träumen stirbt.

Selig, wen die Wolken wiegen,
wem der Mond ein Schlaflied singt,
oh, wie selig kann der fliegen,
dem der Traum die Flügel schwingt.

Clemens Brentano
1778 – 1842

Wenn ich in Gott vergeh,
so komme ich wieder hin,
wo ich von Ewigkeit
vor mir gewesen bin.

Angelus Silesius
1624 – 1677

Ich kann nur menschlich fühlen
und lasse mich der Natur,
die uns heftigen Schmerz nur kurze Zeit,
Trauer lang empfinden lässt.

Johann Wolfgang von Goethe
1749 – 1832

Da mag vergeh'n, verwehen
das trübe Erdenleid,
da sollst du auferstehen
in junger Herrlichkeit.

Joseph von Eichendorff
1788 – 1857

Hoffen heißt:
die Möglichkeit des Guten
erwarten;
die Möglichkeit des Guten
ist das Ewige.

Sören Kierkegaard
1813 – 1855

Ich strahle als Stern in dunkler Nacht.
Und wenn ihr im Morgenlicht erwacht,
bin ich der Vogel, der himmelwärts fliegt,
aus dem Schwarm,
der ruhig seine Kreise zieht.
Steht nicht am Grab und trauert.
Ich bin nicht dort – weil die Ewigkeit dauert.

Grabrede der Navajo-Indianer

Wer Ostern kennt, kann nie verzweifeln.

Nach Dietrich Bonhoeffer
1906 – 1945

Ein glückseliges Leben ist der Genuss
der Gegenwart; das ewige Leben ist
die Hoffnung der Zukunft.

Ambrosius
340 – 397

Ein jedes Band, das noch so leise
die Geister aneinander reiht,
wirkt fort auf seine stille Weise
durch unberechenbare Zeit.

August von Platen
1796 – 1835

Habe dein Schicksal lieb,
denn es ist der Weg Gottes
mit deiner Seele.

Fjodor Dostojewskij
1821 – 1881

Wenn man erst wüsste,
auf welche Weise man sterben muss,
dächte man nur noch an den Tod.

Sully Prudhomme
1839 – 1907

Lache, und die Welt lacht mit dir,
weine, und du bist allein.

Man kann im Leben nicht immer,
wie man will;
wo man sich am stärksten verbunden fühlt,
muss man auseinandergehen,
aber die Erinnerungen bleiben,
und man erinnert sich –
dunkel wie in einem Spiegel –
der fernen Freunde.

Vincent van Gogh
1853 – 1890

Und immer, wenn wir von dir sprechen,
fallen Sonnenstrahlen in unsere Herzen
und halten dich fest umfangen,
so als wärst du nie gegangen.

Der Gedanke an die Veränderlichkeit
aller irdischen Dinge
ist ein Quell unendlichen Leids
und ein Quell unendlichen Trostes.

Marie von Ebner-Eschenbach
1830 – 1916

Man muss dem Himmel nachgeben
und den Menschen Widerstand leisten.

Joseph Joubert
1754 – 1824

Zu glauben ist schwer.
Nichts zu glauben ist unmöglich.

Victor Hugo
1802 – 1885

Ihr dürft zuversichtlich sein,
was den Tod betrifft,
dass einem guten Menschen
kein Übel widerfahren kann,
weder im Leben noch nach dem Tode,
und dass seine Angelegenheiten
den Göttern nicht gleichgültig sind.

Platon
427 – 347 vor Chr.

Nicht die Jahre in unserem Leben zählen,
sondern das Leben in unseren Jahren.

Adlai E. Stevenson
1900 – 1965

Leben? Wohl dem, dem es spendet
Arbeit, Freunde, täglich Brot.
Doch das Beste, was es sendet,
ist das Wissen, dass es endet,
ist der Ausgang, ist der Tod.

Theodor Fontane
1819 – 1898

Ich sagte zu dem Engel
an der Schwelle des Jahres:
»Gib mir ein Licht, damit ich festen Schrittes
in die Ungewissheiten des neuen Lebens
schreiten kann.«
Aber er antwortete mir:
»Geh hinein in die Ungewissheit
und lege deine Hand in Gottes Hand,
das ist mehr wert als ein Licht
und sicherer, als den Weg zu wissen.«

Aus China

Wir wissen nichts vom Leben,
wie könnten wir etwas vom Tod wissen?

Konfuzius
551 – 479 vor Chr.

Es heißt nicht sterben,
lebt man in den Herzen
der Menschen fort,
die man verlassen hat.

Ist der Tod nur ein Schlaf,
wie kann dich das Sterben erschrecken?
Hast du es je noch gespürt,
wenn du des Abends entschliefst?

Friedrich Hebbel
1813 – 1863

Sein schönster Zug war eine tiefe,
so recht aus dem Herzen kommende
Humanität.

Theodor Fontane
1819 – 1898

Die Welt ist meine See.
Der Schiffsmann Gottes Geist.
Das Schiff mein Leib,
die Seel' ist's, die nach Hause reist.

Angelus Silesius
1624 – 1677

Wer ihn kannte,
vergisst ihn nie,
wer ihn vergisst,
hat ihn nie gekannt.

Das wahre Grab der Toten
ist das Herz der Lebenden.

Das Leben tröstet uns über den Tod
und der Tod über das Leben.

Das ist mein Fenster. Eben
bin ich sanft erwacht.
Ich dachte, ich würde schweben.
Bis wohin reicht mein Leben?
Und wo beginnt die Nacht ...

Rainer Maria Rilke
1875 – 1926

Lass vergehen, was vergeht!
Es vergeht, um wiederzukehren,
es altert, um sich zu verjüngen,
es trennt sich,
um sich inniger zu vereinen,
es stirbt, um lebendiger zu werden.

Friedrich Hölderlin
1770 – 1843

Komm, o Tod, du Schlafes Bruder,
komm und führe mich nur fort;
löse meines Schiffleins Ruder,
bringe mich in sichern Port.

Johann Franck
1618 – 1677

Gewiss ist es fast noch wichtiger,
wie der Mensch sein Schicksal nimmt,
als wie sein Schicksal ist.

Alexander von Humboldt
1769 – 1859

Tröste dich, die Stunden eilen,
und was all dich drücken mag,
auch die schlimmste kann nicht weilen,
und es kommt ein anderer Tag.

Theodor Fontane
1819 – 1898

Die Zeit ist ein Augenblick.
Unser Erdendasein wie unser Erdengang
ein Fall durch Augenblicke.

Jean Paul
1763 – 1825

Nicht das Freuen, nicht das Leiden
stellt den Wert des Lebens dar,
immer nur wird das entscheiden,
was der Mensch dem Menschen war.

Es ist unser Irrtum,
dass wir den Tod in der Zukunft erwarten.
Er ist zum Großteil schon vorüber.
Was in unserem Leben hinter uns liegt,
hat der Tod.

Lucius Annaeus Seneca
4 vor Chr. – 65 nach Chr.

Alle Mängel abgetan,
wird sie dann in bessern Kränzen
still einhergehn, und fortan
unverweslich sein und glänzen.

Matthias Claudius
1740 – 1815

Es nimmt der Augenblick, was Jahre geben.

Johann Wolfgang von Goethe
1749 – 1832

Unter den Sterblichen wechselweis
kreist das Leben,
und sie geben wie Läufer die Fackel weiter.

Lukrez
98 – 55 vor Chr.

Die Größe eines Flusses wird
erst an seiner Mündung begriffen,
nicht an seiner Quelle.

Jeder Augenblick im Leben
ist ein Schritt zum Tode hin.

Pierre Corneille
1606 – 1684

Der Tod geht uns nichts an,
denn solange wir leben, ist er nicht da,
und wenn er da ist, sind wir nicht mehr.

Nach Epikur
341 – 271 vor Chr.

Siehe nun,
ich komme zum Land meines Ursprungs
und gelange an den Ort,
wo ich von nun an ewig weilen werde.

Aus dem Ägyptischen Totenbuch

Man muss die Menschen
bei ihrer Geburt beweinen,
nicht bei ihrem Tode.

Blaise Pascal
1623 – 1662

Tod und Auferstehung
gehören untrennbar zusammen.
Wer leben will, muss sterben.
Mit Christus sterben heißt: ewig leben.

Gotteslob 777,4

Wenn durch einen Menschen
ein wenig mehr Liebe und Güte,
ein wenig mehr Licht und Wahrheit
in der Welt war,
dann hat sein Leben einen Sinn gehabt.

Langes Siechtum scheint
zwischen Leben und Sterben gestellt,
damit der Tod für die Sterbenden
und für die Zurückbleibenden
eine Erlösung bedeute.

Jean de La Bruyère
1645 – 1696

Wer den Tod fürchtet,
hat das Leben verloren.

Johann Gottfried Seume
1763 – 1810

Man sollte stolz auf den Schmerz sein –
jeder Schmerz ist eine Erinnerung
unseres hohen Ranges.

Novalis
1772 – 1801

Nah ist und schwer zu fassen der Gott.
Wo aber Gefahr ist,
wächst das Rettende auch.

Friedrich Hölderlin
1770 – 1843

Erinnerung ist der Schatz unseres Herzens.

Im Tode gibt es nichts Schreckliches.
Das, was schrecklich daran ist,
hängt vom Leben ab.

Leo N. Tolstoi
1828 – 1910

Der Mensch ist unsterblich:
Er lebt weiter in seinen Nachkommen,
seinen Werken und in der Erinnerung
all derer, die ihn gekannt haben.

Seid mir nur nicht gar zu traurig,
dass die schöne Zeit entflieht,
dass die Welle kühl und schaurig
uns in ihre Wirbel zieht;

dass des Herzens süße Regung,
dass der Liebe Hochgenuss,
jene himmlische Bewegung,
sich zur Ruh begeben muss.

Lasst uns lieben, singen, trinken,
und wir pfeifen auf die Zeit;
selbst ein leises Augenwinken
zuckt durch alle Ewigkeit.

Wilhelm Busch
1832 – 1908

Wir kümmern uns nicht,
dass wir nicht da gewesen sind,
ehe wir geboren wurden.
Warum uns kümmern, nicht mehr da zu sein,
wenn wir gestorben sind?

Karl Julius Weber
1767 – 1832

Man sieht die Sonne untergehn
und erschrickt dennoch,
wenn es plötzlich Nacht wird.

Je m'en vais chercher un grand Peut-être.
Ich gehe, um ein großes Vielleicht
aufzusuchen.

François Rabelais
1495 – 1553

Wohl dem, der seiner Väter gern gedenkt,
der froh von ihren Taten, ihrer Größe
den Hörer unterhält und still sich freuend
ans Ende dieser schönen Reihe sich
geschlossen sieht.

Johann Wolfgang von Goethe
1749 – 1832

Der Tod ist nicht das Ende,
nicht die Vergänglichkeit,
der Tod ist nur die Wende,
Beginn der Ewigkeit.

Der Tod ist kein Unglück für den, der stirbt,
sondern für den, der überlebt.

Karl Marx
1818 – 1883

Ob wir uns wieder treffen,
weiß ich nicht;
drum lasst ein wenig Lebewohl uns nehmen.
(...)
Sehen wir uns wieder, nun, so lächeln wir.

William Shakespeare
1564 – 1616

Gebt euren Toten Heimatrecht,
ihr Lebendigen.
Dass wir unter euch wohnen
und weilen dürfen,
in dunklen und hellen Tagen.

Auf ein Grab

Ein Wind, gütig fächelnd,
lässt Blätter und Tränen verwehn.
Empfange einst lächelnd,
die weinend dir nachgesehn.

Gewesen, nicht vergessen;
erinnert, doch verziehn.

Was uns Besitztum schien,
hat keins von uns besessen,
war höchstens nur geliehn.

Joachim Ringelnatz
1883 – 1934

Ich habe den Berg erstiegen,
der euch noch Mühe macht.
Drum weinet nicht, ihr Lieben,
ich hab mein Werk vollbracht.

Die wir im Leben geliebt,
lasst uns im Tode nicht vergessen.

Ambrosius
340 – 397

Wenn etwas von uns fortgenommen wird,
womit wir tief und
wunderbar zusammenhängen,
so ist viel von uns selbst fortgenommen.

Rainer Maria Rilke
1875 – 1926

So seltsam fremd wird dir die Welt,
und leis verlässt dich alles Hoffen,
bis du es endlich, endlich weißt,
dass dich des Todes Pfeil getroffen.

Theodor Storm
1817 – 1888

Octavian:
Spür nur dich, spür nur dich allein
und dass wir beieinander sein!
Geht alls sonst wie ein Traum dahin
vor meinem Sinn!

Sophie:
Ist ein Traum, kann nicht wirklich sein,
dass wir zwei beieinander sein,
beieinand' für alle Zeit
und Ewigkeit.

Hugo von Hofmannsthal
1874 – 1929
Musik: Richard Strauss
1864 – 1949

Ein wesentlicher Mensch
ist wie die Seligkeit,
die unverändert bleibt
von aller Äußerheit.

Angelus Silesius
1624 – 1677

Nicht von Beginn an
enthüllten die Götter den Sterblichen alles;
aber im Laufe der Zeit
finden sie suchend das Bess're.
Sichere Wahrheit erkannte kein Mensch
und wird keiner erkennen
über die Götter und alle die Dinge,
von denen ich spreche.
Sollte einer auch einst die vollkommenste
Wahrheit verkünden,
wissen könnt' er das nicht:
Es ist alles durchwebt von Vermutung.

Xenophanes
6. Jahrhundert vor Chr.

Alles prüfe der Mensch,
sagen die Himmlischen,
dass er, kräftig genährt, danken für alles lern',
und verstehe die Freiheit,
aufzubrechen, wohin er will.

Friedrich Hölderlin
1770 – 1843

Glücklich der Mann,
der den Hafen erreicht hat
und hinter sich ließ das Meer
und die Stürme ...

Heinrich Heine
1797 – 1856

Plaudite, amici, comoedia finita est.
Klatscht Beifall, Freunde, das Schauspiel ist
zu Ende.

Von Kaiser Augustus an seinem Lebensende gesprochen.
Auch Ludwig van Beethoven soll auf dem Sterbebett
(† 26.3.1827) diesen Satz gesagt haben.

Der Mensch selbst stirbt und vergeht;
doch seine Ideen und Handlungen
leben fort und hinterlassen
der Menschheit einen unauslöschlichen
Eindruck.
Und so bekommt der Geist seines Lebens
Dauer und Ewigkeit,
beeinflusst Gedanken und den Willen
und trägt dadurch dazu bei, den Charakter
der Zukunft zu gestalten.

Samuel Smiles
1812 – 1904

Seine Pflicht erkennen und tun,
das ist die Hauptsache.

Friedrich der Große
1712 – 1786

Wenn nicht geschieht, was wir wollen,
so wird doch Besseres geschehen.

Martin Luther
1483 – 1546

Ach Herr, lass dein' lieb' Engelein
am letzten End' die Seele mein
in Abrahams Schoß tragen.

Schlusschor aus der Johannes-Passion
von Johann Sebastian Bach 1685 – 1750
Text von Martin Schalling d. J. 1532 – 1608

Wer den Boden nicht fühlt,
kann den Himmel nicht ahnen.

Die Zeit geht nicht, sie stehet still,
wir ziehen durch sie hin;
sie ist eine Karawanserei,
wir sind die Pilger drin.

Gottfried Keller
1819 – 1890

Die Erfüllung des Lebens
liegt nicht in der Länge,
man findet sie im Erleben.

Ich gehe euch voraus
in den Frieden des Herrn
und erwarte euch dort
zum ewigen Wiedersehn.

Aurelius Augustinus
354 – 430

Und ein Gott ist, ein heiliger Wille lebt,
wie auch der menschliche wanke,
hoch über der Zeit und dem Raume webt
lebendig der höchste Gedanke,
und ob alles in ewigem Wechsel kreist,
es beharret im Wechsel ein ruhiger Geist.

Friedrich Schiller
1759 – 1805

Jeder Tag ist der Anfang des Lebens.
Jedes Leben der Anfang der Ewigkeit.

Rainer Maria Rilke
1875 – 1926

Er hat sein Haus bestellt,
er war bereit,
dennoch –
er hätte uns gerne noch
begleitet.
Es ist immer zu früh.

Dies alles müd',
möchte ich gegangen sein –
ließ ich nicht – sterbend – mein Lieb allein.

William Shakespeare
1564 – 1616

Ein Teil von dir
wird in uns weiterleben,
und ein Teil von uns
wird immer bei dir sein.

Auch der Umstand,
dass die meisten Menschen
den Tod fliehen,
ist ein Beweis
für die Liebe der Seele zur Erkenntnis.
Denn sie flieht, was sie nicht erkennt,
das Dunkle und Unklare,
und trachtet ihrer Natur entsprechend
nach dem Hellen und Erkennbaren.

Aristoteles
384 – 322 vor Chr.

Dein wahres Glück, o Menschenkind,
oh glaube doch mitnichten,
dass es erfüllte Wünsche sind,
es sind erfüllte Pflichten.

Karl von Gerok
1815 – 1890

Nur allein der Mensch
vermag das Unmögliche:
Er unterscheidet,
wählet und richtet;
er kann dem Augenblick
Dauer verleihen.

Johann Wolfgang von Goethe
1749 – 1832

Vita mutatur, non tollitur.
Das Leben wird (im Tod) nur gewandelt,
nicht genommen.

Präfation der Totenmesse

Ins Leben schleicht das Leiden
sich heimlich wie ein Dieb,
wir alle müssen scheiden
von allem, was uns lieb.

Joseph von Eichendorff
1788 – 1857

Der Tod ordnet die Welt neu.
Scheinbar hat sich nichts verändert,
und doch ist die Welt
für uns ganz anders geworden.

Nie erfahren wir unser Leben stärker
als in großer Liebe und in tiefer Trauer.

Rainer Maria Rilke
1875 – 1926

Nicht nur die Tat,
sondern das Leiden
ist ein Weg zur Freiheit.

Nach Dietrich Bonhoeffer
1906 – 1945

Über meinem Bett erhebt sich ein Baum,
drin singt die junge Nachtigall;
sie singt vor lauter Liebe,
ich hör' es sogar im Traum.

Heinrich Heine
1797 – 1856

Das Schönste, das ein Mensch
hinterlassen kann, ist,
dass man lächelt,
wenn man sich seiner erinnert.

Theodor Fontane
1819 – 1898

Lege alles still in Gottes Hände,
das Glück, das Leid,
den Anfang und das Ende.

Bin ich müd' von langen Wegen,
neigt sich der Tag in meiner Welt.
Herr, dann komme mir entgegen,
gib Anteil mir vom Erntesegen.
Nimm mich mit zu deinem Feld.

Du bist nicht von uns gegangen –
nur voraus.

Nirgends, Geliebte,
wird Welt sein als innen.
Unser Leben geht hin mit Verwandlung.
Und immer geringer
schwindet das Außen.

Rainer Maria Rilke
1875 – 1926

Auf den Flügeln der Zeit
fliegt die Traurigkeit dahin.

Jean de La Fontaine
1621 – 1695

Gute Menschen leben,
auch wenn sie gestorben sind,
zwar unsichtbar, doch ganz in unserer Nähe.

Füllest wieder Busch und Tal
still mit Nebelglanz,
lösest endlich auch einmal
meine Seele ganz.

Johann Wolfgang von Goethe
1749 – 1832

Sie ist wiedergefunden.
Was?
Die Ewigkeit.
Es ist das Meer
verbunden mit der Sonne in eins.

Arthur Rimbaud
1854 – 1891

Es sind die Lebenden,
die den Toten die Augen schließen.
Es sind die Toten,
die den Lebenden die Augen öffnen.

Franz von Sales
1567 – 1622

Denn vor und nach dem irdischen
Leben gibt es kein irdisches, aber
doch ein Leben.

Jean Paul
1763 – 1825

Auferstehung ist unser Glaube,
Wiedersehen unsere Hoffnung,
Gedenken unsere Liebe.

Aurelius Augustinus
354 – 430

Es gibt Menschen,
die wir in der Erde begraben,
aber andere,
die wir besonders zärtlich lieben,
sind in unser Herz gebettet.
Die Erinnerung an sie
mischt sich täglich in unser Tun und Trachten.
Wir denken an sie, wie wir atmen,
sie haben in unserer Seele
eine neue Gestalt angenommen,
nach dem zarten Gesetz
der Seelenwanderung,
das im Reich der Liebe herrscht.

Honoré de Balzac
1799 – 1850

Dem Leben sind Grenzen gesetzt,
die Liebe ist grenzenlos.

Es erschreckt uns
unser Retter, der Tod. Sanft kommt er
leis' im Gewölke des Schlafs,
aber er bleibt fürchterlich uns,
und wir sehen nur nieder ins Grab,
ob er gleich uns zur Vollendung führt
aus Hüllen der Nacht hinüber
in der Erkenntnisse Land.

Friedrich Gottlieb Klopstock
1724 – 1803

... – Und es war alles, alles gut!

Joseph von Eichendorff
1788 – 1857

Herr, ich habe getan,
was ich konnte,
was noch fehlt,
möge deine Gnade hinzufügen.

Franz von Assisi
1182 – 1226

Wenn die Liebe
einen Weg zum Himmel fände
und die Erinnerungen zu Stufen würden,
dann würden wir hinaufsteigen
und dich zurückholen.

Wechselnde Pfade,
Schatten und Licht,
alles ist Gnade,
fürchte dich nicht.

Baltischer Hausspruch

... So werde ich sein, aber als etwas anderes,
dessen die Weltordnung nun bedürfen wird.
Du wurdest ja auch nicht geboren,
als du wolltest,
sondern als die Weltordnung es so erforderte.

Epiktet
um 50 – 140 nach Chr.

Mein Geist,
bewegt von innerlichem Streite,
empfand so sehr in diesem kurzen Leben,
wie leicht es ist, die Heimat aufzugeben,
allein wie schwer zu finden eine zweite.

August von Platen
1796 – 1835

Im Abschied liegt die Geburt der Erinnerung.

Es gibt nichts, was uns die Abwesenheit
eines uns lieben Menschen ersetzen kann
und man soll das auch gar nicht versuchen;
man muss es einfach aushalten
und durchhalten;
das klingt zunächst sehr hart,
aber es ist doch zugleich ein großer Trost;
denn indem die Lücke
wirklich unausgefüllt bleibt,
bleibt man durch sie miteinander verbunden.

Dietrich Bonhoeffer
1906 – 1945

Autorenverzeichnis

H

J

S